CUENTOS TRADICIONALES

Un jurado compuesto por

*Aurora Luque, Enrique García-Máiquez,
Julio Martínez Mesanza, Eloy Sánchez Rosillo,
Amalia Bautista* y *Carmelo Guillén Acosta*

concedió a este libro
un ACCÉSIT del PREMIO ADONÁIS 2024

MARÍA FERNÁNDEZ ABRIL

CUENTOS
TRADICIONALES

ADONÁIS

697

EDICIONES RIALP

Madrid

© 2025 *by* MARÍA FERNÁNDEZ ABRIL
© 2025 de la presente edición,
by EDICIONES RIALP, S.A. - MANUEL URIBE 13-15 - 28033 MADRID
ISBN (edición impresa): 978-84-321-6979-3
ISBN (edición digital): 978-84-321-6980-9
ISBN (edición bajo demanda): 978-84-321-6981-6
ISNI: 0000 0001 0725 313X
Preimpresión: www.produccioneditorial.com
Depósito Legal: M-2274-2025
Printed in Spain - Impreso en España

Anzos, S. L. - Fuenlabrada (Madrid)

A M.ª Luz,
mi madre

I
EL REFUGIO

«Cárcel sin carcelero y sin cadenas
donde como mi pan y bebo mi agua
día por día... ¡Mientras allá fuera
se me abren en flor, trémulos, míos
aún, todos los caminos de la tierra!...».

DULCE MARÍA LOYNAZ

«Mas no olvides al fin construir con tus triunfos
lo que más necesitas: una tumba, un refugio».

GABRIEL CELAYA

CAPERUCITA ROJA

AL venirme la primera menstruación
mi madre me regaló una capa roja.
«Abróchala bien, esconde la riqueza
de tus senos». Era larga, para no
mostrar más que los tobillos. «No parezcas
una puta». Me dio miel para la abuela
y me advirtió: «Ten cuidado con el lobo.
Si sientes peligro, llama al cazador».
Pero me ocultó lo bello que es el bosque,
que el cazador solo ansía su trofeo.
No me explicó cuán grato es que te oiga el lobo,
mire mejor y huela. Eludió lo importante
de la talla de los órganos. No dijo
cuán divertido es que te coma. Mas, sobre
todo, olvidó contarme que, si se fuga,
tiene más y dulces lobos la manada.

AN AFFAIR TO REMEMBER

*«Destiny is something we've invented
because we can't stand the fact
that everything that happens is accidental».*

<small>SLEEPLESS IN SEATLE</small> (1993)

ME parece que, a lo largo de mi vida,
mis padres
            —vaya extraño nombrarlos juntos—
solo han estado de acuerdo en dos momentos.

Al mandarles una foto del Empire State,
ambos se acordaron de Tom Hanks y Meg Ryan
en aquel *remake* de *An affair to remember*
—*Algo para recordar* en español,
seguro que vieron juntos la película—;
y, al sacar la oposición de secundaria,
más orgullosos que yo misma, los dos
confesaron poder morir
tranquilos.

BELLA DURMIENTE

A la hora de mi bautizo en la iglesia de San Juan,
Flora, Fauna y Primavera me concedieron tres dones:
cuatro abuelos muy longevos,
cierto éxito laboral,
pelo largo con volumen.

Al poco, llegó Maléfica con su rueca envenenada
y lanzó sobre la pila el destino y la condena:
«Nunca te aburrirás, pues
tendrás cientos de aventuras,
piel más fuerte que un dragón,
voraz hambre por la vida,
llena de pasión y magia.
Y esta espada como obsequio,
que parte espinas y fronda,
de pomo y filo livianos,
por si los brazos te pesan,
por si el camino del bosque,
entre maleza te atrapa.
A cambio, una cicatriz
atraviesa tu mejilla,
no sabrás estar tranquila,

ni cantar ni tocar música
y dormirás para siempre,
para siempre siempre sola,
sin ningún beso de amor que te pueda rescatar».

COMO SIEMPRE

CON apenas doce años ya intuiste
lo esencial de la belleza. Diste
gracias a los genes, a tus padres
y a Dios por tu talla, la estatura,
la piel blanca y rogaste clemencia
al tiempo, que atrasara las canas
muchos años, también las arrugas.
De verdad creías que *belleza*
y *felicidad* eran sinónimas,
que las mujeres bellas no pueden estar tristes.
Tu pena ocasional era culpa
de ojos y piernas, no tan esbeltas,
tan marrones. Por eso, llegaste
tan impresionada al descubrir
a los ojos más hermosos que hayas
visto devastados y llorando,
como siempre pasa, por un hombre.
Comprendiste aquel día que el canon
no es infalible, que las mujeres
de ojos azules pueden tener
también triste y frágil la mirada.

¿QUÉ TENDRÁ LA PRINCESA?

PRESENTA una ceguera selectiva
por una negligencia familiar.
Con apenas unos meses, su madre
empezó a irse de lunes a viernes
por trabajo, y su padre, con horarios
de la mina y perdido entre montañas.
Vivió con sus abuelos, su casa era
solo su casa al final de semana,
todos los domingos una maleta
y con diez años nunca más los tres.
Creció su miopía, el astigmatismo,
y dejó de percibir su valor,
de sentirse prioridad para nadie.
Tras tanto tiempo ciega, su mirada
funciona de nuevo. Ahora lo ve:
ve que nadie como él la quiso tanto,
ve que caminó con ella diez años,
ve que cruzó el Atlántico por ella
dos veces, ve que esperó con paciencia.
Por eso, le da rabia en ocasiones
y maldice no conocer la pócima
que la lleve tiempo atrás, a explicar

a sus padres alguna que otra cosa,
a gritar su importancia a su yo niña,
y a advertirle que esté atenta y no escape,
ya que nadie como él la querrá tanto,
y sé que ella jamás (le) quiso tanto,
como fue aquel verano, aquella tarde
en la más remota isla de Noruega.

MIEDO

«I've said that».

RAYMOND CARVER

HE sido, desde siempre, muy miedosa.
Miedo a las ratas que andan por París, a las
    cucarachas y otros insectos.
Miedo a los fantasmas que susurraban en el
    fondo del pasillo, a los payasos y a aquellos
    juguetes que cobran vida.
Miedo a sufrir en las montañas rusas.
Miedo a asesinos y violadores que me esperan
    de noche en el garaje.
Pánico a un accidente, a perder un ojo, una
    pierna, a no poder caminar, a no sentir nunca
    más la luna por unas manos.
Miedo a que me dejen sola en el abismo.
Miedo a la muerte, a la mía y la de otros.

Llevo un tiempo confrontando temores.
Ya puedo convivir con abejas, arañas u otros

bichos, o aplastarlos, cuando a Diego le
aterran más que a mí.
He dejado de creer en fantasmas, juguetes y
payasos de ultratumba.
No frecuento los parques de atracciones, entro
como puedo en las curvas del camino.
Sé que, si me encuentro a un asesino —cosa
poco probable—, solo me queda gritar,
defenderme y arañar.
(Más peligrosos son otros psicópatas).
Rezo para librarnos de guerras, catástrofes,
desgracias y enfermedades —pues es lo que
nos queda—.

Y ya he estado sola en el abismo varias veces y
he saltado.
No me asusta.
De todo te recuperas y los golpes atenúan,
además, el miedo de morirme.
Pero que vosotros podáis faltar es la certeza
de esa granada colocada en medio de mi
pecho que, cuando detone —si no lo hago yo
primero—, perforará mi tímpano y quebrará
mis huesos en cristales.

Y eso me asusta demasiado.

CÁRCEL Y REFUGIO

EN mi propia exégesis de la fe,
niego al Dios del Antiguo Testamento,
repudio su omnipotente castigo,
culpas e iras. Prefiero a Jesucristo,
siempre dispuesto a escuchar las plegarias,
aunque más de tres veces lo desdigas,
o lo traiciones con Judas y el Diablo.
Quiero creer en un Dios bondadoso
que procure curas y aleje muertes,
en vírgenes que ayuden con exámenes,
que perdonen, sin pedir nada a cambio
más que algunas velas en Covadonga.
Los actos y pensamientos impuros
están más que permitidos. Secreto,
pero Jesús y Satán salen juntos
de copas por los bares. Los he visto.

Antes de conocer relatos bíblicos,
la religión se profesa a las madres.
Abnegadas, como la Virgen, sufren;
generosas, se alegran por tus logros;
incondicionales, te cuidan y aman;

pero, a veces, responden con la norma
de ese Dios del Antiguo Testamento.
Para no escuchar el juicio cristiano,
moral y omnipresente que mi madre
alguna vez ha usado en la censura
del amor a la vida de otra gente,
yo le cuento muy poco de la mía.
¿Qué pensará al leer estos poemas?
Tal vez, como la Virgen, se disguste,
aunque también sabe que la familia
ha de ser un refugio y nunca cárcel.

II
EL BOSQUE

«Ella canturreaba. No veía
que, entre los árboles del bosque, el trueno
y el relámpago se iban adentrando.
Y el lobo acompañaba la tormenta».

Amalia Bautista

LADY GODIVA

LO sé. Me reconociste al instante,
al verme galopar sobre tu vientre.
Supiste que hace siglos, a caballo,
protesté por el hambre y los impuestos
ante Leofric, mi señor y esposo,
sin otro abrigo que mi pelo suelto
en las heladas calles de Inglaterra.
Por eso me enseñaste aquella imagen.
obra de Collier, prerrafaelita,
que encontré más tarde expuesta en Coventry.
Lo sé. Me reconociste al instante,
al verme de perfil en el espejo.
Lo sabes. Yo también te reconozco
porque fuiste tú el único *voyeur*
que, para conseguir protagonismo
en esta leyenda del medioevo
y así inventar el término, el concepto,
tuvo la osadía de traicionarme.

31

OVIEDO, CIUDAD DEL AMOR

«La heroica ciudad dormía la siesta».

LEOPOLDO ALAS «CLARÍN»

TENEMOS suerte de vivir aquí
—me suspiras cubierta por las sábanas—,
porque Oviedo es la ciudad del amor.
¿No ves qué niebla, qué oscuro, qué lluvia?,
ni consigo atisbar la catedral.

Pues hemos sido nosotros, tú y yo,
y los amantes de estos edificios
quienes hemos empañado de vaho
y de humedad a la hora de la siesta
la cúpula cristal de la ciudad
sujeta por montañas.
¿Acaso no has sentido más gemidos
y también los relámpagos?

LOS 31

«cuando ha pasado el tiempo
voy a mandártelo a ver qué te parece

espero que llores».

BERTA GARCÍA FAET

QUIERO volver a vivir en París y ser dichosa
y terminar aquel doctorado que empecé en Massachusetts.
O no, quiero ser piloto,
o la mujer de un duque, conde o barón belga,
me da igual,
pero alguien de la nobleza belga,
o quiero ser comandante
y dar órdenes a caballo
blandiendo mi espada.
Quiero también vivir en Roma o en Lisboa,
porque tengo líneas de investigación abiertas en Portugal,
me gusta más Oporto,
pero, por las líneas de investigación,
me vendría mejor Lisboa.

Además, quiero aprender portugués e italiano
y practicar mi francés,
y por eso no me importaría volver a vivir en París
y ser tan dichosa como en aquel año del
    quincuagésimo aniversario de *Rayuela*
y quizás enamorarme de un francés
y que ese francés provenga de una familia con viñedos
    en Provenza.
Quiero regentar un *pub* en Irlanda con música en directo.
O no, quiero mejor conducir por los *country roads* de
    Massachusetts
o de Texas y terminar mi doctorado americano,
domar caballos en un rancho
y hacerme cantante *country*
—*Jolene, Jolene, Jolene, Jolene*—.

O tal vez, lo que quiera sea más sencillo,
como volver a trabajar en la universidad,
como volver a la vida que tuvimos,
eso sí: con mejoras
—porque las veces que fuimos de monte o a la playa,
    ante tu pánico a salir de casa, se pueden contar con
    los dedos de una mano,
como las mujeres con las que te has acostado que,
    según tú, también se podrían contar con los dedos
    de una mano,
yo creo que fui la sexta,
y yo, nunca te lo dije, por tus inseguridades
    patriarcales, pero necesito los dedos de las dos
    manos, de los dos pies, las orejas, la nariz, los dos
    ojos y algo más para contarlos

[referir esto es solo una estrategia poética]—.
Con eso,
ya daría igual vivir en París o en Massachusetts o Roma o
    Lisboa,
ya iríamos de vacaciones o de estancia,
y para qué quiero otro doctorado
o ser piloto o comandante o estar casada con un aristócrata
    belga
o con el dueño de unos viñedos en Provenza
o regentar un *pub*
o ser cantante *country*.
Con eso, en verdad,
ya daría igual la universidad,
porque el trabajo es solo para vivir,
y por la tarde podría leer y pintar y nadar,
y cuidar la huerta
y ver series y películas
y escribir cuentos y poemas
e investigar despacio si apetece
mientras bebemos un buen vino de Provenza.

Pero eso no lo tendré ya más,
y estoy segura de que ya no lo quiero,
así que tengo que sacar fuerzas para escapar a París o
    a Massachusetts,
a terminar mi segundo doctorado,
aunque no sé bien para qué,
o a Bélgica a buscar un aristócrata,
aunque no creo que ninguno se vaya a fijar en mí
y qué anacrónica es la nobleza,
o a Lisboa o a Italia a aprender portugués e italiano

y continuar mis líneas de investigación,
pero no sé quién me va a pagar eso,
o alistarme en el ejército para ser comandante,
porque creo que por culpa de la miopía no puedo ser
    piloto
y me da miedo la velocidad,
y creo que lo de las espadas es de hace dos siglos
y me declaro en contra de la guerra y de la disciplina militar,
o a Irlanda a buscar trabajo de camarera en un *pub*,
pero eso es cosa de los veinte años,
y no tengo voz para *Jolene, Jolene, Jolene, Jolene*,
y entonces permaneceré encerrada entre las montañas y
    las nubes de este valle,
entre su fuerza telúrica,
mientras mi familia y mis amigos son dichosos,
aunque no vivan en París.

O, al no verme capaz de huir,
me queda la opción de refugiarme en el trabajo
y pedir becas o ponerme a escribir artículos
o, si no soy capaz de nada,
desear, como tú y a causa de ti, morirme pronto.

O puedo,
y creo que es la mejor opción,
porque a mí me gusta la vida,
sentirme afortunada por lo que tengo,
que son muchas cosas,
y trabajar tranquila en el instituto,
nadar, pintar, leer y cuidar la huerta,
ver películas y series,

volver a ir al cine una vez a la semana,
escribir cuentos y poemas y quizás una novela
e investigar despacio si apetece,
apuntarme a clases de caballo, italiano y portugués,
también de kárate y guitarra
y cantar *Jolene, Jolene, Jolene, Jolene* dentro de la ducha,
ir de vez en cuando al *pub*,
y, a ver si lo consigo,
conocer a alguien alto y guapo y listo y bueno y
     divertido y buen amante,
a poder ser divorciado o soltero
(sé que pido demasiado),
y beber un buen Rioja (que es mejor que el vino de
     Provenza)
y llevarlo a París, Roma, Lisboa, Massachusetts,
también a México,
y conocer otros sitios como Grecia,
conocer a alguien alto y guapo y listo y bueno y
     divertido y buen amante,
a quien poder querer y que me quiera.

Porque yo, a diferencia de ti,
que rozas la cincuentena,
ya me he dado cuenta de que la vida sí va en serio
(y eso que a mi edad voy ya tarde)
y he decidido abandonar Nunca Jamás
y estar tranquila
y actuar en consecuencia.

LA BESTIA

ENTRÉ libremente en ese castillo del río Loira,
seducida por su voz, por su aspecto y cortesía.
Me contó algo de un hechizo, y una bruja de hace tiempo,
me ofreció su biblioteca. Allí me narraba historias
del soldado Martin Guerr, del catastro de Ensenada.
Yo sabía también varios relatos para contar,
pero nada gusta más a los hombres que escucharse,
y así, muda, le atendía y le daba la razón,
hasta que mostró al espejo el retrato de una bestia.
Estoy ahora arrepentida de no haber huido al oír
la llamada desde el pueblo. Estaba ya, sin saber,
prisionera en esa cárcel en la que solo el amor
nos quitaría el conjuro. Pero cayó de la rosa
el último de sus pétalos sin sanar su corazón.
Quedé por siempre en el bosque, desterrada entre la nieve,
y él, cautivo del castillo, del rugido de su bestia.

LA MANZANA ENVENENADA

ADÁN, ya valió, me he cansado ya
de que el mundo se crea tus mentiras.
Tú bien sabes que por mí no ha entrado
en el mundo el pecado original,
que este lugar del que me has expulsado
es un paraíso harto de problemas
—tus idas y venidas, narcisismo,
tu tormento—, que nuestro hijo Caín
es tan loco y envidioso como tú.
Tú bien sabes que mi único pecado
es dejarme engañar por tu talento,
Adán, que es encantar a las serpientes,
y tragar la manzana envenenada
crecida en la ponzoña de tu savia.
Al menos, el amor de nuestro otro hijo
no perece y, desde que me expulsaste,
he bailado al calor de cien demonios
y también he volado con los ángeles.
Tú llevarás aún puesta tu careta,
seguirás encantando a las serpientes,
a las Judiths, Estheres o Raqueles

y otros nombres que pueblan estas páginas,
para que entera muerdan la manzana,
y se crean capaces del salvarte
de tu destierro, al que te condenó
la vida —¿les dices lo del juguete
roto y que no podrás querer a nadie?—
y piensen encontrar el paraíso
en las oscuras ramas de tu cárcel.
Me da igual que controles tú el relato,
Adán, porque por ello tú bien sabes
que va la penitencia en el pecado,
y que el edén puede ser el desierto
más yermo y el infierno más hostil
desde tu mala idea de expulsarme.

NEPHENTE

«ERES una *nephente*», sentenciaste
aquella tarde, y yo me lo creí.
Comencé a echar saliva en tus heridas
y tú a sorber el agua del Leteo.
Al poco, comprobamos que yo no era
ninguna medicina para dioses.
Fui incapaz de coser con seda y besos
las hondas cicatrices de la guerra.
Me echaste de tu templo.
Qué sorpresa cuando ayer descubrí
que tú eres mi *nephente*
—¿qué hago con los poemas anteriores?—,
ya que, a pesar del daño que me hiciste,
bastó una caña para que olvidara,
perdiera la memoria del dolor
y lo malo quedara perdonado
—aunque solo por un instante, pues
volverás a morder si me descuido,
y por eso no borro los poemas—.

III
LA BIFURCACIÓN

«El jardín de senderos que se bifurcan
era la novela caótica».

JORGE LUIS BORGES

BODAS DE SANGRE

«Pero montaba a caballo
y el caballo iba a tu puerta».

FEDERICO GARCÍA LORCA

PORQUE quisiste olvidar,
rehiciste el muro de piedra
entre tu torre y la mía.
Es verdad. ¿No lo recuerdas?

Y cuando te vi pasar,
alcancé altiva la verja.
Y cuando te vi de lejos
me puse en la boca yedra.

Pero olvidé alguna cosa:
esta nueva primavera
con sus nubes y sus vientos
viene a llamar a mi puerta
y el diluvio y las ventiscas
por la noche me despiertan.

Pero olvidaste una cosa:
esta nueva primavera
con sus ríos y sus mares
llega a tocar a tu puerta
y las olas y cascadas
por la noche te desvelan.

Y entre tu torre y la mía
otra vez nuestra marea
otra vez nuestro ciclón
tiran el muro de piedra.

LO QUE DIGA EL PALADAR

EL gusto es un sentido caprichoso.
Le importa poco que haya mil razones
—nutrientes, demanda, exquisitez, precio—
por las que un plato es rico y saludable
si el docto paladar no las entiende.
La lengua y las papilas gustativas
hablan un alfabeto más atávico
que, ante lo que desagrada, rechaza
con la excusa de «tengo mucho lío»,
pero, ante lo que explota en la garganta,
no duda en plantarse en el fin del mundo
—o en el Gamoniteiru, ya tú sabes—
para sorber las dulces vitaminas
que da el saborearte dos minutos.

TERREMOTO DE LISBOA

«Muy señor mío: Recibí la de Vmd. de quince del
pasado, en que me expresa la satisfacción con que
leyó la anterior mía, en que procuré descubrir
la causa del gran terremoto de día primero de
noviembre del año pasado de 55».

BENITO JERÓNIMO FEIJOO

CUANDO te nombro,
pronuncio una fricativa palatal sorda.
Esto quiere decir que, en su articulación,
    UNO. El aire provoca un pequeño roce al salir.
    DOS. La lengua se aproxima al paladar.
    TRES. No vibran las cuerdas vocales.

Te lo cuento y pareces preocupado
ante el último rasgo,
esto es,
ante la ausencia de vibración de mi glotis.

Qué más dará eso si, cada vez que te nombro,

UNO. Se levanta un huracán.

DOS. Domino dientes, lengua, paladar y saliva.

TRES. Vibran el corazón y la cama e invoco, en un conjuro sibilante que pone mi glotis y tus catedrales a temblar, al terremoto que en 1755 asoló Lisboa.

EL ESPEJO MÁGICO

EL mar es azul porque refleja azul el cielo
y yo soy bella cuando reflejo azul tus ojos.

CENICIENTA

CUANDO no tenía más que mi esperanza,
me aferraba al canto de las rosas. Pero
ahora me dan alergia y las detesto.
«Tú toma antihistamínicos, no las odies»,
me recordaste al bailar en el jardín.
Sin embargo, en este cuento, y tú lo sabes,
esta rosa es la señora del castillo,
mi hermanastra, reina y dueña de tu vida,
que ha despertado y empezado a mover ficha
para tenerte cautivo y vigilado,
quien sentencia que, a las doce lo más tarde,
se rompe el hechizo y has de volver a casa,
quien dicta que los sábados y domingos
las calabazas no mudan en carrozas
y no vuelan las palomas mensajeras.
Y yo, tonta de mí, he entrado en el juego
sin hada madrina, ni espada o estrategia,
sin tantos años de regencia, ni cetro,
y con una apuesta ilusa y temeraria:
he perdido mi zapato de cristal
en las escaleras de palacio. Escoge
si sales a buscar mi pie por el reino

o si esconderlo o romperlo en mil pedazos
antes de que averigüe la reina que a ella
no le vale o que hemos estado bailando
sobre la tierra del jardín, varios meses,
con tacones afilados, si bien siempre
—qué tonta—, cuidadosa y preocupada,
por el príncipe, las rosas y el castillo.

EL VERGEL

NO sé nada de plantas, no sé la teoría:
cuantía exacta de agua, dosis justa de sol,
tiempos de florescencia, de poda y de nutrientes,
combinación estética de olor, croma y textura.
Qué más da si en cuidar árboles y huerta, creo
haber heredado una destreza algo intuitiva.
Productos comestibles aparte, mis abuelos
atendieron con mimo cerezos y manzanos,
membrillares, perales, higueras y ciruelos.
Con macetas, mi madre adorna su balcón,
sin olvidar la selva de mi tía en el patio.
Quizás mi bisabuela hablara con los sauces.

Por eso, tras haberte regado varios meses,
hoy, que, prudente, escoges aferrar tus raíces,
en lugar de elevar la copa con los pájaros,
me halaga y me da rabia a la vez, firme roble,
que, por el sol que yo te doy cada mañana,
florezcas todo el día.

LA SIRENA

TERMINA abril,
y no se debe comer marisco:
«el de los meses sin *erre* es malo»,
mi abuela dijo en julio siempre.
Yo, que me acabo de hacer *bateira*
y he aprendido sobre bivalvos,
voy a esperar hasta septiembre
a que estés rico, de temporada,
a que, sin uso de la rasqueta,
y sin dañar cáscara y carne
—¿es posible eso?—,
ya te desprendas de aquella roca
que ves bastante erosionada
por la fuerza del mar y las olas.
Luego, en la playa,
te quitaré la sal a besos
y te resguardaré, como perla, en mi concha.

TU NARIZ

ME encanta tu nariz, de perfil y de frente,
recorrer con mis dedos, corazón y anular
la silueta hasta el vértice, prenderlo con mis dientes.
Me vuelve loca cuando el sol descubre manchas,
y me mata la curva que traza si sonríes.
Tu familia te envidia la nariz, me dijiste,
y sé que la codician las esculturas griegas
desde cualquier museo. Pero temo que crezca
y no me guste más tu nariz de madera.

RIMA XXX

«Asomaba a sus ojos una lágrima
y a mi labio una frase de perdón».

GUSTAVO ADOLFO BÉCQUER

TE pregunté si te había comido la lengua un gato.
«Soy dueño de mi silencio y esclavo de mis palabras».
Tú te vas por un camino, yo por otro, y dudo si
crees que no he visto cómo escondías la mordaza
que somete tus palabras y me convierte en esclava
del arma que más me mata, y que más odio: el silencio.

CASABLANCA

ME imagino a Ilsa furiosa con Rick,
triste, confundida, decepcionada,
sobrevolando a oscuras el Atlántico.
El muy cobarde decidió por ella
y, engañada, la subió en un avión
con Víctor, miembro de la Resistencia,
para desvanecerse entre la niebla
con la única promesa de recordar París.
Te pareció el acto de amor más grande
y yo te rebatí: si la quisiera,
habría acatado su decisión
de quedarse y, terminada la guerra,
la habría hecho feliz en Casablanca
bajo todas las lunas de Marruecos.

Pero comprendo a Rick en ocasiones.
Supo que alguna vez discutirían,
temió que acabara por añorar
a su esposo, por evocar su vida
de haber aceptado su pasaporte,
por verse prisionera y arrepentida
junto al piano y no pudo soportar

ser la razón de verla desgraciada.
Se creyó que París fue una quimera,
también que, en ese avión rumbo a Lisboa,
Ilsa le tomaría la mano a su marido,
en el fondo aliviada
por la certeza que da siempre lo correcto.

Como Rick, sé que tengo dos opciones:
apartarme callada entre la niebla
—como he hecho este verano—,
con el solo recuerdo de un beso de Varsovia,
y saberme cobarde y resignada,
pero con la certeza de actuar con sensatez,
o expresar claramente mis deseos
y convencerme de que tu ganancia
compensa cualquier pérdida conmigo,
sabedora de que Ilsa pensó en Rick
en cada instante allá donde estuviera,
y amarte y darte besos de Varsovia
bajo todas las lunas de este valle,
donde viajemos juntos cada noche
a Lisboa, Varsovia, Casablanca y París.

IV
EL LABERINTO

«y sin embargo se habían encontrado en pleno laberinto de calles, casi siempre acababan por encontrarse».

JULIO CORTÁZAR

EL CARTERO DE AFRODITA

AL templo de Afrodita, Hermes llamó dos veces
y las dos veces tarde. Con dos años de atraso,
vino carta de Hefesto, la de Ares con diez meses.
Ambos se disculpaban, confesaban zozobras
y anhelar el eterno Olimpo junto a ella.
Afrodita, cansada del fuego y de la sangre
se había prometido no volver a la fragua
ni al campo de batalla, si bien algo extrañaba.
Además, por entonces, adoraba a un mortal,
que, cómo no, también la mareaba. A ver,
Leónidas de Rodas, envía ya tu carta,
no tengo por virtud demasiada paciencia,
no llegues también tarde, que se cierra el Olimpo,
que suenan otra vez los tambores de guerra,
que siempre estará abierta la puerta de la fragua,
que anda por ahí Heracles pensando en escribir.

ASTENIA PRIMAVERAL

ME agota ya demasiado
subirme al Nautilus cada tarde
y salir a bucear por
el negro fondo del océano.
Abajo nada se ve
y, cuando el capitán me devuelve a tierra,
me ciega la luz del sol,
no funciona bien mi brújula,
no puedo sino sentarme
en la arena a ver el mar
demasiado mareada.

EL CONSEJO DE UNA BRUJA

AQUÍ tienes, cariño, en este frasco,
la poción más poderosa, un volcán,
para volarlo todo por los aires.
Solo necesitas algo de rabia,
gotas de sangre de animal herido,
unas cuantas botellas de alcohol
—sidra, cerveza, ginebra, mejor
bien mezclados—, la más mínima chispa
y un secreto o verdad inconfesable.
Con esto, tú puedes echar abajo
cualquier puente, un castillo, cualquier vida.
Sin embargo, cariño, te aconsejo
nunca usarla. No ganas nada haciendo
daño, no eliges ser mala persona,
te hiere a ti misma, pierdes la elegancia,
y sabes cuán imposible, cariño,
es reconstruir las ruinas de un imperio.

LA ARQUERA Y EL ERMITAÑO

«Ondas do mar de Vigo,
se vistes meu amigo?»

MARTÍN CÓDAX

TRAIGO noticias frescas. Está aquí, aún no se ha ido.
La han visto por la plaza, comprando en el mercado,
en la taberna. Allí le contaba a su amiga
que va a quedarse un tiempo todavía en el pueblo,
que el viaje que le queda por delante es muy largo
y escabroso y que no quiere cabalgar sola.
Está claro que busca a otro, que no te espera,
y, por eso, practica con su arco cada tarde
la puntería. Pero, atento: se comenta
que aún custodia en su aljaba aquella flecha de oro
que dio en tu corazón. Parto, mas vendré aprisa
a esta cabaña el día que rompa en dos la flecha,
que la tire al barranco, que escuche que se va.
Entonces quizás tomes mi caballo. Es veloz.

ARDE ÍTACA

«NO te esperaré sentada», había advertido a Ulises
antes de partir. «Siquiera ni sé si te esperaré».
Y se entretuvo Penélope, ya tejiendo o destejiendo,
con sus hilos de saliva la dermis de sus amantes.
Fueron apuestos y muchos, la mantuvieron contenta
y ocupada, la colmaron de regalos y placer.

Pero transcurrió el invierno, Penélope maldijo Ítaca
por ser villa tan segura y no custodiar ladrones
con la piel merecedora para coserla por siempre,
con manos astutas para saquear su corazón,
a no ser por un pirata, al que, a su vez, aguardaba
una nereida, guardiana de los corales de la isla,
ya peinando o despeinando los rizos de sus amantes.
Compró ovillos a Penélope, antes de embarcar, en tanto
regresaba al arrecife y pensaba en sus asuntos.
«No te esperaré sentada», ella volvió a advertir.
Sintió pena por Calipso y las sirenas lejanas
y comprendió en propia carne esa espera de otro tipo.

Así Ulises tuvo suerte, y cuando regresó en sal
y en escamas magullado, Penélope lo llevó

a la alcoba donde guarda los enseres de costura
y el corazón y tejió piel con hilos de saliva.
Lo que Ulises no entendió fue aquella orden de Penélope,
dada con aguja en mano, esposado él a la cama,
de evacuar a las mujeres, a sirenas y nereidas,
llamar a las amazonas y prenderle fuego a la isla.

LA MARQUESA DE SADE

*A Eduardo San José,
que me dio el título.*

TEN cuidado si entras en palacio.
Ya sabes lo que hay, ya te lo han dicho:
tú te arriesgas a que te devore
cual manzana entre mis dientes y
demás instrumentos de tortura.
Duele, pero tranquilo, prometo
derretirnos en placer y miel.

Sabes qué se dice por las calles:
me aburriré de ti a las dos noches,
te arrojaré desnudo a la nieve
e ignoraré tu llanto entre espinas.
Duele, lo siento, pero me espera
ya alguien en la puerta principal.

Lo que en esta villa no se sabe
es que, si de verdad me haces gracia

—y eso no sucede casi nunca—,
te quedarás meses en palacio
y te entregaré mi corazón
para que lo ames y lo devores,
cual manzana entre tus dientes y
demás instrumentos de tortura
que te habré enseñado a manejar.
Hasta que, cansado del misterio,
huyas a caballo por la nieve
e ignores mis llantos entre espinas.

¿Ves las cicatrices de mi espalda,
todavía abiertas? Pues no hay sitio
para ningún otro latigazo.
Así que ya sabes qué te espera
si llegas a palacio
                    y me gustas:
usaré tan solo las esposas.

IV
DULCES LOBOS

COLLIGE, VIRGO, ROSAS

«Y que la negra muerte te quite lo bailado».

Luis Alberto de Cuenca

LAS ninfas de este bosque no cesan de cantar
«collige, virgo, rosas». Me agobian: «Espabila
que tienes ya tres canas, que no eres ya tan joven».
De noche tararean: «Ve a nadar, haz pilates».
Me dejan en la cama una crema antiarrugas.
«Embadurna la piel y recoge el rosal.
Báñate entre los pétalos. No toques las espinas,
bastante te han dañado». Y sé que les doy pena,
pues oigo sus susurros: «No tiene ya veinte años,
muere la rosaleda, el pistilo se pudre,
se agota la fragancia». Asumo el *tempus fugit*
e intento consolarlas con que respira aún tierna
la flor en donde juegan, que amanece en rocío,
se abre al sol y a la música, baila con dulces lobos,
y queda mucha vida. Les digo que, en el siglo
veintiuno, es anacrónica esta angustia y que siempre
puedo cambiar el tópico —«coge, mujer, las rosas»—
o paso al *carpe diem*, que no entiende de edades.

ÍNDICE

I. EL REFUGIO

II. EL BOSQUE

III. LA BIFURCACIÓN

IV. EL LABERINTO

V. DULCES LOBOS

ADONÁIS
COLECCIÓN DE POESÍA

—————

Director: CARMELO GUILLÉN ACOSTA

ÚLTIMOS VOLÚMENES PUBLICADOS:

—————

Las obras que han obtenido el Premio «Adonáis» aparecen numeradas en negrita.

ESTA PRIMERA EDICIÓN DE
«CUENTOS TRADICIONALES»,
DE MARÍA FERNÁNDEZ ABRIL,
VOLUMEN 697 DE LA COLECCIÓN «ADONÁIS»,
PUBLICADA POR EDICIONES RIALP, S.A.,
MANUEL URIBE 13-15, MADRID,
SE ACABÓ DE IMPRIMIR EN LOS TALLERES
DE GRÁFICAS ANZOS, S.L.,
FUENLABRADA (MADRID),
EL DÍA 29 DE ENERO DE 2025.